Castillos de arena

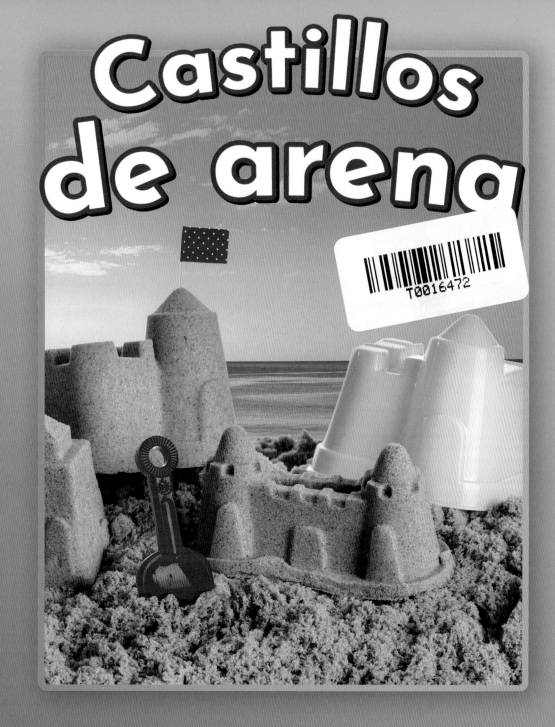

Dona Herweck Rice

 Smithsonian

Asesores

Brian Mandell
Especialista de programa
Smithsonian Science Education Center

Amy Zoque
Coordinadora y asesora didáctica de CTIM
Escuela Vineyard de CTIM
Distrito Escolar Ontario Montclair

Créditos de publicación

Rachelle Cracchiolo, M.S.Ed., *Editora comercial*
Conni Medina, M.A.Ed., *Redactora jefa*
Diana Kenney, M.A.Ed., NBCT, *Realizadora de la serie*
Emily R. Smith, M.A.Ed., *Directora de contenido*
Véronique Bos, *Directora creativa*
Robin Erickson, *Directora de arte*
Michelle Jovin, M.A., *Editora asociada*
Caroline Gasca, M.S.Ed., *Editora superior*
Mindy Duits, *Diseñadora de la serie*
Lee Aucoin, *Diseñadora gráfica superior*
Walter Mladina, *Investigador de fotografía*
Smithsonian Science Education Center

Créditos de imágenes: pág.12 Carolyn Jenkins/Alamy; pág.24 Albert Shakirov/Alamy; todas las demás imágenes cortesía de iStock y/o Shutterstock.

Library of Congress Cataloging-in-Publication Data

Names: Rice, Dona, author. | Smithsonian Institution.
Title: Castillos de arena / Dona Herweck Rice.
Other titles: Building sandcastles. Spanish
Description: Huntington Beach, CA : Teacher Created Materials, 2020. | Audience: K to grade 3.
Identifiers: LCCN 2019038471 (print) | LCCN 2019038472 (ebook) | ISBN 9780743925945 (paperback) | ISBN 9780743926096 (ebook)
Subjects: LCSH: Sandcastles--Juvenile literature.
Classification: LCC TT865 .R5318 2019 (print) | LCC TT865 (ebook) | DDC 736/.96--dc2

Smithsonian

Teacher Created Materials

5301 Oceanus Drive
Huntington Beach, CA 92649-1030
www.tcmpub.com

ISBN 978-0-7439-2594-5

Contenido

Castillos de arena

Los castillos están hechos para durar. Pero los castillos de arena se deshacen con el agua. Son tan bonitos como para reyes y reinas. Pero no querríamos vivir en uno.

Los castillos de arena son obras de arte. ¡Y es divertido hacerlos!

Manos a la obra

Necesitas las herramientas adecuadas para construir un castillo de arena. La primera es tu mente. Si puedes imaginar un castillo de arena, puedes construirlo. Las herramientas te ayudarán.

Este niño usa una herramienta de plástico para construir su castillo de arena.

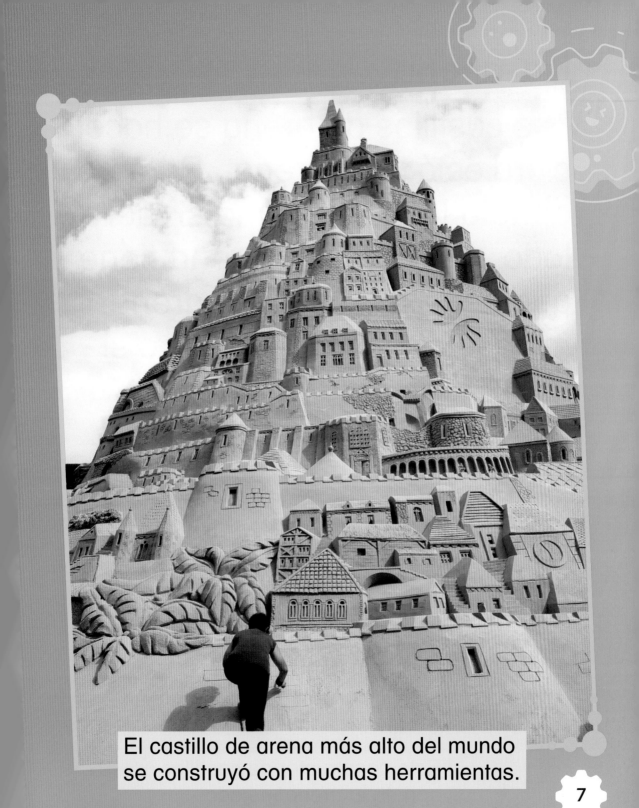

El castillo de arena más alto del mundo
se construyó con muchas herramientas.

La arena

Los castillos de arena se hacen, claro está, con arena. Primero, aprieta la arena como si fuera lodo. Para eso, la arena tiene que estar mojada. La arena mojada queda unida. Pero si la arena tiene demasiada agua, tu castillo se caerá.

Este constructor de castillos aprieta la arena mojada.

Una constructora de castillos vierte agua sobre una pila de arena.

Arena mojada

La arena mojada se pega gracias al agua. Las gotas de agua conectan los **granos** de arena. El agua funciona como un pegamento que hace que los granos queden unidos.

El cubo

El cubo no puede faltar a la hora de hacer castillos de arena. Empuja la arena mojada en el cubo para que quede unida. Incluso puedes usar un cubo con un diseño divertido. Luego, da vuelta al cubo.

Este cubo le dará un diseño divertido a la arena.

Este niño usa su cubo para construir un castillo de arena hacia arriba.

De arriba abajo

Debes construir tu castillo hacia arriba. Pero debes **modelar** el castillo de arriba abajo. Si cae arena desde arriba, puede arruinar los diseños que están abajo.

La pala

Usa una pala para cavar el pozo de tu castillo. Después, úsala para que el suelo quede liso. Luego, usa la pala para llenar el cubo de arena. También puedes usarla para **aplanar** la arena y darle forma.

Esta niña aplana la arena en un cubo con su pala.

Que se vea bonito

Es importante que tu castillo de arena tenga la forma y el tamaño correctos. Eso hará que sea sólido. Pero su aspecto también es importante. ¡Una pila de arena no es un castillo!

De la cocina

Puedes usar **utensilios** de cocina. Te permitirán modelar la arena. También puedes usar los utensilios para hacer diferentes diseños. Cualquier utensilio de cocina puede servir para trabajar la arena.

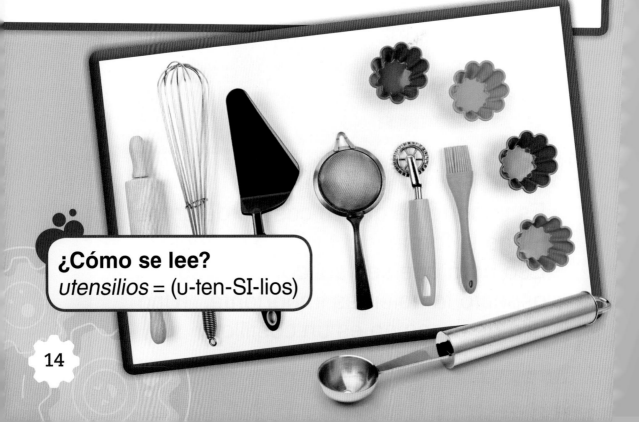

¿Cómo se lee?
utensilios = (u-ten-SI-lios)

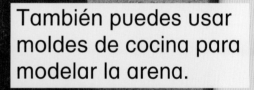

También puedes usar moldes de cocina para modelar la arena.

El rociador

Hacer un castillo de arena lleva tiempo. El sol seca la arena. La arena puede caerse al tocarla. Usa un rociador para mojar la arena. Sigue mojando las partes donde estás trabajando.

El sol está secando la arena de este castillo.

Vuelve a intentarlo

Los castillos de arena se caen. Suelen rajarse y romperse.

Pero ¡no te rindas! Si tu castillo se cae, vuelve a intentarlo. ¿Quién sabe? ¡Quizás el nuevo diseño sea mejor que el anterior!

DESAFÍO DE CTIAM

El problema

¡Te han invitado a participar en un concurso de castillos de arena! ¿Puedes hacer un castillo de arena que sea digno de un rey o una reina? ¿Qué forma le darás?

Los objetivos

- Construye un castillo de arena que mida al menos 30 centímetros (1 pie) de anchura por 30 cm (1 ft) de alto.
- Construye el castillo con arena, agua y herramientas para modelar.
- Construye un castillo de arena que se sostenga al menos 15 minutos sin caerse.

Investiga y piensa ideas

¿Por qué la arena y la tierra son distintas?
¿Se puede hacer un castillo de tierra?
¿Y de piedras?

Diseña y construye

Dibuja tu plan. ¿Cómo funcionará? ¿Qué materiales usarás? ¡Construye tu modelo!

Prueba y mejora

Construye el castillo de arena y espera al menos 15 minutos. ¿Quedó unido? ¿Se rajó o se cayó? ¿Puedes mejorarlo? Vuelve a intentarlo.

Reflexiona y comparte

¿Qué tan grande crees que puede ser un castillo de arena sin caerse? ¿Y qué tan pequeño puede ser un castillo al que se pueda dar forma y modelar?

Glosario

aplanar

granos

modelar

utensilios

Consejos profesionales
del Smithsonian

¿Quieres diseñar obras de arte? Estos son algunos consejos para empezar.

"Estudia cómo se construyen los edificios. También lee cómo hay que cuidar los edificios cuando se termina la construcción". **—Sharon Park, directora adjunta de preservación arquitectónica e histórica del Smithsonian**

"¿Te gusta buscar maneras creativas de resolver problemas? ¿El mundo te da curiosidad? ¿Te gustan las matemáticas? Si es así, quizás te interese ser arquitecto". **—Michael Lawrence, director adjunto de exhibiciones**